VIVE LA DIFF[ÉRENCE]

•

A SOUVENIR

OF

BRITAIN AND FRANCE

•

Words and pictures by Mike Smith

•

French translation by Jean-Claude and Valérie Bulidon

caron
PUBLICATIONS

Chapel-en-le-Frith, High Peak, Derbyshire, England

ISBN 0.947848.18.5

First published 1998
by Caron Publications
Peak Press Building
Chapel-en-le-Frith
High Peak
Derbyshire SK23 9RQ

Designed by Claire Liversidge
Caron Publications

Typeset and printed in England by
THE PEAK PRESS COMPANY
Chapel-en-le-Frith,
High Peak, Derbyshire

CONTENTS

◆

To Jo-Ann, my travelling companion.

INTRODUCTION

The introduction of a fast rail link between Britain and France comes at a time when the two countries are moving closer together in so many ways. As members of the European Union, British and French citizens are already subject to a common set of rules and regulations; in the not-too-distant future, they could well be using the same currency. Life-styles in the two countries have undergone similar radical changes: a marked drift of population from the countryside to the towns and cities has meant that villages in remote areas have become depopulated, only to be re-born as weekend retreats for city-dwellers; almost universal car ownership has brought about a shopping revolution which has seen the rapid growth of out-of-town hypermarkets; and the central business districts of major cities throughout Britain and France have become increasingly standardised in appearance as buildings with regional architectural character have made way for anonymous concrete boxes.

Fortunately, the British and the French also have in common a strength of character which has enabled them to resist the complete erosion of their national identities. The British people are currently putting up a stubborn resistance to further European integration. As members of an island race, they have developed patterns of behaviour which are outside the continental European tradition: their tea shops and pubs, village greens and village cricket matches, cottage gardens and country houses, and all manner of other idiosyncrasies, give Britain a very special quality. The unique patchwork-quilt appearance of Britain's green and pleasant land remains largely intact, despite the threat to traditional field enclosures posed by new farming methods.

Although the French have been much more amenable than the British to European integration, they remain the most idiosyncratic of all European peoples. Almost every dwelling in France, from the grandest Château to the humblest piece of vernacular architecture, has an unmistakably-French sense of style, based on elegant proportions and the use of local materials. At a time when automobile manufacturers in the rest of the world are content to turn out characterless "world cars", French car designers continue to produce vehicles with unique features and quirky contours; the French people are much less inhibited than the British - they not only have the advantage of speaking a language which is wonderfully expressive and poetic, but they also make unrestrained use of gesture as a means of communication. The mosaic which makes up the French scene contains many elements: from pavement cafés to street urinals; from Mansard roofs to shutters; from lavender to garlic; from boules to berets.

In a world threatened by a plague of uniformity, Britain and France remain stubbornly resistant to infection. Although the two countries have been linked by a tunnel, they are worlds apart. Long may they remain so. Vive la différence!

PRÉFACE

L'introduction d'une liaison ferroviaire rapide entre l'Angleterre et la France arrive à un moment où les deux pays se rapprochent de plus en plus. Comme membres de l'Union Européenne, Anglais et Français sont déjà sujets à des règlements communs. Très beintôt ils devront, peut-être, utiliser la même monnaie. Le train de vie dans les deux pays a déjà radicalement changé. Avec le mouvement prononcé de la population vers les villes, les villages éloignés se sont dépeuplés, seulement pour revivre en tant que retraites de weekend pour les citadens. La popularité de l'automobile a déclenché un changement d'habitudes du "shopping" qui a vu la prolifération rapide des supermarchés sur la périphérie des villes. Les centres d'affaires des principales villes en Grande Bretagne aussi bien qu'en France se sont standardisés en apparence avec des bâtiments de béton qui ont remplacé les édifices d'architecture régionale.

Heeureusement les Britanniques aussi bien que les Français ont une force de caractère commune qui leur a permis de résister à l'érosion complète de leur identité nationale. Les Britanniques sont à l'heure actuelle très obstinés contre l'intégration Européenne. Habitant une île, ils ont un comportement en dehors des traditions de l'Europe continentale: leurs salons de thé et "pubs", les villages avec leurs espaces verts et leur terrains de "cricket", les petites maisons avec leurs jardins individuels, les maisons de compagne et toutes sortes d'idionsyncrasies donnent à la Grande Bretagne une personnalité toute spéciale. L'apparence champêtre unique et la campagne verte et plaisante sont restées intactes malgré la menace des méthodes modernes d'agriculture.

Bien que les Français se soient soumis plus facilement que les Britanniques à l'intégration Européenne ils sont restés, malgré tout, les plus idiosyncratiques de tous les peuples Européens. Presque toutes habitations en France, des châteaux les plus grands à la plus simple et modeste maison ont un style tout à fait Français avec d'élégantes proportions et construites à partir de matériaux régionaux. A un moment où les fabricants d'automobiles dans le reste du monde se contentent de sortir des voitures sans caractère s'adressant à tous les marchés, les fabricants Français continuent à produire des véhicules de caractéristiques uniques et de contours subtils. Les Français sont beaucoup moins inhibités que les Britanniques - non seulement ont ils l'avantage d'une langue expressive et poétique, ils utilisent énormément le geste comme moyen de communication. La mosaïque qui dénote la scènerie française contient aussi plusieurs éléments; des cafés, aux urinoirs dans les rues; des toits mansardés, sous les toits aux volets; de la lavande à l'ail; des boules aux berets.

Dans un monde qui confronte un fléau qu'est devenu l'uniformité, la Grand Bretagne et la France résistent toujours très fortement à l'infection. Bien que les deux pays soient maintenant reliés par un tunnel, ils sont toujours deux mondes à part. Espérons que cela durera. Vive la différence

QUILTS AND CARPETS

The face of Britain changed dramatically between 1730 and 1840: crop rotation was introduced, waste land was eliminated, and new hedgerows were planted to enclose the fields. By the mid-nineteenth century, the British countryside had acquired its distinctive patchwork-quilt appearance. Our photograph shows a beautiful patchwork of enclosures on the coast of north Devon, where small fields in various shades of green are stitched together by a dark green thread of thick hedgerows.

◆

Le visage de la Grande Bretagne a dramatiquement changé entre 1730 et 1840. La rotation agricole avait commencé, la terre en friche disparaissait et des haies etaient plantées pour délimiter les champs. Au milieu du dix-neuvième siècle le paysage anglais avais acquis sa mosaïque distinctive. Notre photo montre une merveilleuse mosaïque de champs sur la côte nord du Devon, où des prés d'un vert différent sont bordés de haies denses d'un vert sombre.

COUVERTURES ET TAPIS

Dans la plupart des régions de France il y a très peu de haies donnant du relief au paysage.
La campagne s'étend à l'horizon et l'immensité du terrain n'est que trop visible. Mais une vue aérienne
donne une image tout à fait différente: la France rurale se révèle riche en "collage" géometrique.
Vue en miniature du sommet de la colline de Domme, les champs du Périgord ressemblent à un entrepôt de
tapis où plusiers carpettes et tapis ont été étendus pour être inspectés par la clientèle.

In most areas of France there are no hedgerows to provide visual relief. The countryside stretches
to far horizons, and the vastness of the land is all too apparent. But a bird's-eye-view gives a very different
picture: rural France is revealed as a rich collage of geometric shapes. Seen in miniature from the
hill-top town of Domme, the fields of Périgord look like the floor of a carpet warehouse where various mats
and rugs have been laid out neatly for inspection by customers.

VOLETS ET TOITS DE CHAUME

Les volets sont rares en Grande Bretagne et la plupart de ceux qui existent sont décoratifs plutôt que fonctionels. En France les volets sont virtuellement standards pour toutes les maisons de dimensions et de styles variés. Les persiennes montrées ci-dessus sont très pratiques car elles permettent à l'air frais de circuler mais empêchent aux rayons de soleil de rentrer. Notre photographie a été prise dans l'ancienne ville de Saintes en Charente Maritime où les murs de pierres bien blanches sont rendus visuellement attractifs par les volets qui les décorent.

Shutters are a rare sight in Britain, and most of those which do exist are decorative rather than functional. In France shutters are virtually standard issue for houses of every size and type. The louvred variety, shown here, is a very practical device which allows in fresh-air, but keeps out the hot sun. Our photograph was taken in the ancient town of Saintes, in Charente-Maritime, where the otherwise-plain walls of brilliant white stone are made visually attractive by the many shutters which decorate them.

SHUTTERS AND THATCH

Thatched cottages are not normally associated with the French scene, although there are clusters of them in Normandy and Brittany. In England and Wales, with reeds and straw in plentiful supply, thatch was in widespread use as a roofing material until well into the nineteenth century. Like shutters, thatched roofs are both picturesque and practical: they provide warmth in winter and help to keep buildings cool in summer. These cosy cottages are located in Dunster, a beautiful village at the foot of Exmoor.

Les maisons aux toits de chaume ne sont pas normalement associées avec le paysage français bien qu'on en voit dans quelques pâtés de maisons en Normandie et en Bretagne. En Angleterre et au Pays de Galles, où les roseaux et la paille sont abondants, la chaume était beaucoup plus utilisée pour les toitures jusqu'au dix-neuvième siècle. Comme les volets, les toits de chaume sont à la fois pittoresques et pratiques: ils procurent la chaleur en hiver et aident à conserver des habitations fraîches en été. Ces belles maisonnettes sont à Dunster, un joli village au pied d'Exmoor.

DESSUS ET DEDANS

Les vieux villages du sud de la France sont perchés comme des nids d'aigles sur les sommets de collines très en vue. L'endroit, choisis à l'origine pour protéger contre les possibilités d'invasion, offre un contraste bienvenue à la chaleur des plaines. Les constructions de St Paul de Vance sont rassemblées autour de l'église et sont complètement entourées de remparts. Le village a toujours une belle apparence mais par contre les développements trop nombreuses ne l'ont pas toujours embellit.

◆

The old villages of southern France perch like eagles' nests on the summits of prominent hills. The hill-top sites, originally chosen to provide protection against the constant threat of invasion, offer welcome respite from the searing heat of the plain. The buildings of St Paul de Vence are clustered tightly around the church, and the whole settlement is surrounded by ramparts. The village has a particularly fine profile, but some of its features have been scarred as a result of far too many cosmetic "improvements".

ONTO AND INTO

Most of the older French villages are grafted ONTO the landscape, but almost all British villages are built INTO the landscape. As an island, Britain has been provided with a natural barrier against invasion. Its village locations have been determined not so much by defensive considerations as by a need to seek protection from the country's unpredictable weather. The village of Old Cleeve sits in a sheltered hollow. It is not only a very pretty place in itself, but it also fits easily and deferentially into the natural landscape.

◆

La majorité des villages en France sont greffés sur le paysage. Par contre les villages de la Grande Bretagne se fondent avec le paysage. En tant qu'île, la Grande Bretagne a une barrière naturelle contre les invasions. Les locations de ses villages ont été déterminées plus pour les protéger d'un climat inclément que pour leur défense. Le vieux village de Cleeve est situe dans un "creux" abrité. Ce n'est pas seulement un joli petit endroit, mais il se fond gentillement dans le paysage naturel.

FORMAL ET INFORMAL

Les grands jardins de la Renaissance à Villandry, avec leur géometrie stricte, parterres symétriques et canaux droits sont un exemple typique de modèle formel des jardins Français. C'est d'autant plus surprenant qu'ils furent plantés par des jardiniers Italiens amenés en France par Charles VIII.

Il est encore plus surprenant de découvrir que les jardins ont été entièrement remplacés au debut de dix-neuvième siécle par des jardins informels leur donnant une apparence typiquement anglaise. Les terrasses n'ont été restaurées dans leur forme originale qu'au début de ce siècle.

The great Renaissance gardens at Villandry, with their strict geometry, symmetrical motifs and straight canals, are the epitome of French formal garden design, so it is surprising to find that they were first planted by Italian gardeners brought to France by Charles VIII. It is even more surprising to discover that the gardens were dug up in the early nineteenth century and replaced by an informal English-style landscape garden. The terraces were not restored to their original form until the beginning of this century.

Formal and Informal

The grounds and gardens at Chatsworth House in the Derbyshire Dales contain some formal elements and several spectacular set-pieces, such as the Cascade, the Emperor Fountain and the balustraded bridge across the Derwent, but the great park which surrounds the house is fashioned in the informal landscape style popularized by Capability Brown (who was brought in as a consultant at Chatsworth). In the very best English tradition, house, garden, river and countryside all merge into one glorious "natural" composition.

Les terres et jardins de "Chatsworth House" dans la campagne du Derbyshire contiennent quelques éléments formels et plusiéurs pièces spectaculaires, tel que la Cascade, la Fontaine de l'Empereur et le Pont balustré à travers le Derwent. Par contre le grand parc qui entoure la résidence est dans le style popularisé par Capability Brown, employé comme consultant à Chatsworth. Dans les meilleures traditions anglaises, maisons, jardins, rivières et terrains se mélangent glorieusement dans une composition naturelle.

EVANTAILS ET ROSES

Le caractère "biscornu" de la facade ouest de la Cathédrale de Chartres masque merveilleusement l'intérieur bien proportionné d'une architecture gothique Française datant du treizième siècle. La vue distante de la cathédrale à travers les vastes champs de blé est une image que reste fermement plantée dans l'esprit. La grande porte sud de l'église contient un grand nombre de sculptures fines et la grande fenêtre en forme de rose a une profusion de vitraux d' 'époque médiévale.

---◆---

The lopsided west front of Chartres Cathedral masks an exquisitely proportioned thirteenth century interior from the golden age of French Gothic architecture. The first distant view of the great cathedral across the vast wheat fields is an image which remains firmly planted on the mind.
The south portals of the church contain an amazing profusion of finely carved figures and the huge rose windows carry a glittering display of medieval stained glass.

FANS AND ROSES

The exterior of King's College Chapel acts as scaffolding for the vast Perpendicular-style atrium within. English Gothic came into its own with the Perpendicular at the very time when French Gothic was degenerating into the Flamboyant. There is a magnificent view of the chapel from the Backs (the green area behind the colleges). The chapel's huge oak screen and organ case form a silhouette against the brilliant stonework of the nave. A dazzling array of fan vaulting covers the entire ceiling.

L'extérieur de "King's College Chapel" sert d'échafaudage pour le style Perpendiculaire de l'atrium. Le style gothique anglais atteint son zénith avec le Perpendiculaire au moment où le style gothique français se dégenerait dans la qualité flamboyante. Il y a une vue magnifique de la chapelle des "Backs" - coin de verdure derrière les collèges universitaires. Le large écran en chêne massif et le buffet de l'orgue forment une silhouette contre la maçonnerie éclatante de la nef. Un étalage éblouissant d'évantails recouvre complèment le plafond.

SILVER LADIES AND UGLY DUCKLINGS

Henry Royce began manufacturing cars in 1904 after making modifications to his second-hand French light car, a two-cylinder Decauville. Royce and his partner, the Hon. Charles Rolls, took pride in high standards. When RAC examiners tested a Silver Ghost over a 15,000 mile run in 1907, they could find only one problem - a vibrating petrol tap! Quality and elegance, symbolised by the car's Silver Lady mascot, are expensive commodities, but Royce told his customers: "The quality will remain after the price is forgotten".

Henry Royce commença à fabriquer des automobiles en 1904 après avoir modifié sa petite voiture d'occasion française - une Decauville à deux cylindres. Royce et son associé, le très honorable Charles Rolls, se vantaient de la haute qualité de leurs produits. Quand en 1907 les inspecteurs du "Club Royal Automobile" ont mis à l'épreuve sur 15000 miles une "Silver Ghost", ils n'ont trouvé qu'un problème - un robinet à essence qui vibrait! La qualité et l'élégance, symbolisées par la mascotte Dame en Argent, sont très chères mais Royce informa ses clients que "La qualité sera toujours là, bien après que le prix soit oublié".

DAMES EN ARGENT ET VILAINS PETITS CANARDS

Le toit de toile de la 2CV, la carrosserie en métal ondulé, les panneaux démontables et les sièges arrières amovibles font de cette voiture un objet de dérision. Cependent ces mêmes caractéristiques font aussi de la 2CV un merveilleux cheval de bataille. Facile à maintenir et très economique, elle offre une grande flexibilité de transport, à son aise aussi bien sur les chemins de fermes que sur les routes. En effet, la 2CV satisfait parfaitement un des dictons d'Henry Royce "Ce qui est bien fait, si modeste qu'il soit, est noble".

The Citroën 2CV's canvas roof, corrugated-metal body, detachable panels and removable rear-seats make it an easy target for derision, but these self-same features make the "Deux Chevaux" a wonderful work-horse. The car, which is easy to maintain and economical to run, is a flexible load-carrier and is just as much at home on the cart-tracks of French farms as on the roads. In fact, the 2CV meets to perfection one of Henry Royce's mission statements: "Whatever is done rightly, however humble, is noble".

BALLS AND BOULES

The British have a particular talent for inventing games. Cricket was devised in England in the eighteenth century and then exported, with missionary zeal, to all parts of the Empire. But the rules, rituals and language of the sport are almost totally baffling to people from non-Commonwealth countries - "maidens" and "short-legs" take on a whole new meaning when applied to cricket! The quintessentially English scene in our illustration is actually a tableau in the large model village at the sea-side resort of Babbacombe.

Les Britanniqes ont un talent particulier pour l'invention de jeux. Le cricket fut inventé en Angleterre au dix-huitième siècle et ensuite exporté, avec tout le zèle des missionnaires, dans tous les coins de l'Empire. Mais les règles, les rites et le vocabulaire du sport sont deconcertants pour ceux qui ne sont pas membres de l'Empire - "maidens" et "short legs" - "demoiselles" et "jambes courtes" - deviennent toutes autres choses quand on les utilise dans le jeu de cricket. Notre photo, scène essentiellement anglaise en réalité est un "tableau" dans le grand village modèle de la station balnéaire de Babbacombe.

BALLES ET BOULES

Les espaces verts qui sont utilisés pour le jeu de cricket nécessitent une préparation laborieuse alors que n'importe quel terrain offre une surface favorable au jeu de boules. Sur notre photo, prise dans la ville d'Arles, un joueur lance une boule en métal. C'est la Pétanque! La lumière filtrée à travers les arbres sur une place de la ville et le rassemblement improvisé des joueurs et spectateurs complètent une scène typiquement française.

---◆---

Grass areas which are used for cricket matches require careful rolling and elaborate preparation, but any patch of untreated gravel provides a perfectly adequate surface for a game of boules. In our photograph, which was taken in the town of Arles, a player throws his metal bowl "a la pétanque" (with feet fixed), in accordance with local rules. The dappled light in the partially-shaded town square and the impromptu gathering of players and spectators all add up to an unmistakably French scene.

P̤ṲB̤S̤ ̤E̤T̤ ̤C̤A̤F̤É̤S̤

Depuis toujours les terrasses de café ont été une institution Française. Dans les années trente,
les cafés de Montparnasse étaient devenus le point de rassemblement de la vie littéraire et artistique.
Dans les années cinquante les existentialistes échangèrent leurs pensées dans les cafés
de Saint-Germain-des-Prés. A St Tropez la clientele se disputent les meilleures places - certains veulent
être vus; d'autres veulent regarder les passants! Notre photo montre un café d'Antibes avec les
tables disposées autour de la fontaine.

---◆---

The pavement café has long been a French institution. In the thirties the pavement cafés of Montparnasse
were the focus of Parisian literary and artistic life. In the fifties the existentialists exchanged
thoughts in the cafés of Saint-Germain-des-Prés. Café customers at St Tropez always vie for the
front seats - some wish to be seen by passers-by; others want to watch the passers-by!
Our picture shows a café in Antibes where tables are set around the town fountain.

PUBS AND CAFÉS

Some British publicans now set tables and chairs outside their premises in the French manner,
but the true essence of the British pub is still to be found within its four walls - at the bar or around the cosy
fire. Village pubs are at the heart of village social life and country pubs offer shelter and warmth to
travellers. The Pennine pub in our photograph was christened the Wanted Inn by new owners
who bought the building after a period when it had been left empty and unwanted!

◆

De nos jours quelques publicains britanniques sortent tables et chaises devant l'établissement, à la manière
française, bien qu'en essence le pub est une affaire d'intérieur - au bar ou autour d'un feu de cheminée.
Le pub de village, situé au coeur de la communauté, aussi bien que le pub de campagne offre abri et chaleur
aux voyageurs. Le pub sur notre photo a été baptisé "Wanted Inn" - "l'Auberge Désiré" - par les nouveaux
propriétaires qui achetèrent la propriété laissée négligée et sans vie depuis bien longtemps.

TENTES ET CABANES

Le village de pêche de Dinard fut découvert par les Americains et ensuite converti en station balnéaire par les Britanniques. La ville, aux grandes villas et jardins impressionnants, a l'air d'une station balnéaire anglaise de la periode de la Reine Victoria, mais la plage ne pourrait être autre que française. Les plages plus chics sur la côte Atlantique française sont caracterisées par leurs rangées très nettes de tentes. Chaque station a un style de tentes particulier: les tentes de Deauville sont en forme d'igloo, celle de Biarritz un style arabique. Celles de Dinard par contre rapellent plutôt la Perse.

◆

The fishing village of Dinard was "discovered" by the Americans and then converted into a fashionable resort by the British. The town, with its large villas and impressive floral displays, looks like an English seaside town of the Victorian period, but the beach area is unmistakably French. All the classier beaches on France's Atlantic coast are characterized by their neat rows of large bathing tents. Each resort has a peculiar style of tent: Deauville's tents are igloo-like; Biarritz's are Arabian; Dinard's are of the Persian variety.

TENTS AND HUTS

Like Dinard, the East Anglian resort of Felixstowe has large villas from its Victorian heyday and attractive floral displays, but its beach facilities take the form of huts rather than tents. Dinard's tents stand on the beach like a set of clones, but Felixstowe's huts have developed individual characteristics over the years. Each hut has a distinctive coat of paint and some even carry name-plates. It is said that "an Englishman's home is his castle" - it would also seem than an Englishman's hut is his home!

———— ◆ ————

Comme Dinard, la station balnéaire de Felixstowe a conservé ses grandes villas des beaux jours de l'époque de la Reine Victoria et aussi ses parterres de fleurs attrayants, mais ses facilités de plage consistent de cabanes plutôt que de tentes. Les tentes de Dinard s'étendent en rangées identiques tandis que les cabanes de Felixstowe ont un caractère individualistique. Chaqu'une est peinte d'un ton individuel et dans certains cas quelques unes ont même une plaque d'entrée avec le nom. Il y a un dicton qui dit que "Le foyer d'un Anglais est son château". Il semblerait aussi que sa cabane est son foyer!

23

À LA PLAGE

Les Français ont mené la mode pour porter le moins que possible à la plage.
La passion pour les "seins-nus" a commencé sur les mêmes plages à St Tropez où Brigitte Bardot
popularisa le bikini. La pratique est toujours populaire malgré la réapparance du maillot de bain une pièce.
Sur notre photo les jeunes filles sur la plage à La Baule ont soigneusement roulé le haut de leur
maillot avant de se mettre au soleil comme les tranches de pain mis sous un grille-pain.

The French have led the world in the fashion for minimal beachwear.
The craze for topless sunbathing began on the very beaches at St Tropez where Brigitte Bardot
had first popularized the bikini. Topless bathing remains normal practice on French beaches despite a recent
come-back for the traditional one-piece costume. These young ladies on the beach at La Baule have
carefully rolled down their costumes before positioning themselves under the sun like slices of
bread placed on a toast-rack for browning.

BESIDE THE SEASIDE

The ladies on the promenade at Llandudno are obviously more interested in sharing a little gossip and observing the passers-by than in acquiring an all-over tan. The beneficial effects of sea-air were first extolled in a book written in 1750 by Dr Richard Russell of Sussex. Brighton became fashionable under the patronage of the Prince of Wales (later George IV), but other resorts, like Llandudno, underwent rapid expansion when cheap rail travel made the seaside accessible to the working class.

───────── ◆ ─────────

Ces dames sur l'esplanade à Llandudno s'intéressent beaucoup plus à faire la causette et à regarder les passants plutôt que d'obtenir un bronzage intégral. Les bénéfices de l'air marin ont été vantés dans un livre écrit en 1750 par le Docteur Richard Russell de Sussex. Brighton est devenu populaire sous le patronage du Prince de Galles (plus tard George IV) mais d'autres stations balnéaires, comme par exemple Llandudno, ont expériencé une expansion rapide lorsque les voyages par chemin de fer devrinrent accessibles à la classe moyenne.

LINES ON THE LAND

Just as a covering net accentuates the writhings of a trapped animal, so the stone walls of the Peak District pick out and exaggerate every change of contour: bumps are made into hills and potentially-monotonous plateaus are shown to have interesting undulations and shallow valleys. There are 24 miles of wall for every square mile of farmland on the White Peak. Near the settlements the density is even higher, with the result that some villages appear to be caught in a tangled web of walls.

◆

Comme un filet jeté sur un animal sauvage accentue ses débats, les murs en pierre de la région du Peak dans le Derbyshire définissent et accentuent les contours et les dénivellations: monticules apparaissent comme des collines et les plateaux, de tendances monotones, semblent plus intéressants, montrant les ondulations et les petites vallées. Pour chaque kilomètre carré de terrain il y a quinze kilometres de murs. Près des villages, la densité est encore superieure avec le résultat que certains villages semblent être pris dans une toile d'araignée monstrueuse.

TRACÉS SUR LE TERRAIN

La Provence est une région où l'air est rempli du parfum de la lavande, du romarin, du thym.
La lavande, cultivée sur les pentes du Mont Ventoux est vendue sur les marchés aux herbes
dans le sud de la France et aussi distillée dans "la ville parfum" de Grasse.
A la mi-juillet, juste avant le remassage, le campagne apparaît comme un immense tapis fait de rangées
absolument symétriques ressemblant à un écheveau de tubes vivement colorés.

———— ◆ ————

Provence is a land redolent with the sweet scent of bushes and herbs, such as lavender,
rosemary and thyme. Lavender, which is grown in quantity on the lower slopes of Mont Ventoux, is sold
in herb markets throughout the South and distilled into perfumes in the town of Grasse.
In mid-July, just before the bush is picked, the formal rows of lavender look like a gigantic
landscape-sculpture consisting of a large number of identical, brightly-coloured
tubes arranged in strictly-parallel formation.

ÉCLABOUSSURE DE JAUNE

Pour le touriste anglais arrivant en France par des ports de la Manche, l'entrée du Sud ensoleillé
est marquée par la vue soudaine de champs dorés par une multitude de tournesols. Ce vaste champ de
tournesols près de Poitiers, apparaît comme une tache enorme de peinture jaune qui aurait été renversée d'un
grand pot. Dans la chaleur matinale, chaque fleur, imitation vive du soleil, s'ouvre.
Van Gogh a fait une icone de cette fleur évocatrice.

For British tourists travelling into France from the Channel ports, the entrance to the hot and sunny
South is marked by the first sighting of a golden-yellow field of sunflowers. This vast bed of
sunflowers, near Poitiers, looks like a great splash of yellow pigment which has
been spilt accidentally from an enormous paint-pot.
In the heat of the day every flower opens up in vivid imitation of the sun.
Van Gogh turned this highly evocative flower into an icon.

A SPLASH OF YELLOW

This bright yellow field of flowering oil seed rape looks attractive enough when set against a backcloth of red-brick farmhouses and a large East Anglian sky, but the increasing intrusion of rape into the English countryside is literally raping a beautiful land. Bright yellow fields are a violation of the "Green and Pleasant Land" which is celebrated in the hymn "Jerusalem" - a hymn which is sung with jingoistic fervour at the annual "Last Night of the Proms".

———— ◆ ————

Ce champ de colza d'un jaune violant apparaît comme un tableau avec sur le fond, des fermes de briques rougeâtres sous un ciel immense de la région de l'Est du Pays. Cependent l'envahissement perfide des terres par le colza commence à "violer" la beauté du paysage anglais, célébré dans la chanson "Jerusalem" pour sa campagne verte. Cet hymne est traditionnellement chanté avec grande ferveur au cours de la dernière soirée de récital annuel de l'Orchestre de la B.B.C. "Last Night of the Proms" - La Nuit du Dernier Rendevous des Promeneurs.

LA PROMENADE

La Promenade des Anglais, `a Nice, crée par la colonie Anglaise en 1822, est de nos jours une artère principale à huit voies qui s'etire de l'aéroport au port et qui serait mieux surnommée l'Autoroute des Anglais! Mais la fameuse promenade a, quand même, conservé quelques uns de ses charmes de la Belle Époque et ses grands pins formant une colonnade de 7 kilomètres en bordure de mer ont remarquablement résisté à l'empoisonnement causée par le passage continuel des voitures. Les riches et célèbres aussi bien que les aspirants ou les débutantes aiment se recontrer et se promener dans cet endroit réputé.

The Promenade des Anglais, constructed by Nice's English colony in 1822, is now an 8-lane highway stretching from the airport to the harbour - "Autoroute des Anglais" would be a more accurate description! But the famous promenade has retained some of its Belle Époque glamour, and its tall pine trees, which form a 7 Km colonnade along the sea-front, have proved remarkably resistant to carbon monoxide poisoning. The rich and famous, as well as the wannabes, still like to be seen promenading here.

P̣ṚOMENAḌING

Eton's High Street, which runs from the gates of the famous public school to the banks of the
Thames at the foot of Windsor Castle, is much shorter than the Promenade des Anglais but no less a symbol
of power and influence. The tail-coated pupils who promenade here have a better chance than most
young people of reaching the top. Even in these so-called egalitarian times, Old Etonians have a strong
presence in government, the Civil Service, broadcasting and financial institutions.

◆

Le Grande Rue d'Eton, qui s'étend du portail de la fameuse école privée à la rive de la Tamise
au pied du Château de Windsor, est bien plus courte que la Promenade des Anglais mais pas
moins un symbole de pouvoir et d'influence. Les élèves, traditionellement habillés en
queue de pie comme celui sur notre photo, ont beaucoup plus de chance que d'autres à réussir et à arriver
au sommet de leur profession. Malgré l'époque égalitarienne, les Étoniens ont une forte présence au
gouvernement, administration, journalisme et haute finance.

LE CYCLISME

Le Français prend son cyclisme au sérieux. La grimpée jusqu'au sommet du Mont Ventoux, d'une hauteur d'environ 2100 mètres, est un challenge qui est relevé par les cyclistes de tout âge. Le jeune homme sur notre photo recevra l'équivalent du maillot jaune de sa famille attendant au sommet pour applaudir son succès. Sur les pentes de la montagne il y a un monument à la mémoire de Tommy Simpson le cycliste britannique qui est mort au cours d'un Tour de France.

The French take their cycling very seriously. The climb to the top of the 6,265ft Mont Ventoux is a challenge which is taken up by cyclists of all ages. The young man shown here is about to receive the equivalent of a Yellow Jersey from members of his family who are waiting in their car at the summit to applaud his achievement. On the slopes of the mountain there is a memorial to Tommy Simpson, the British rider who died whilst competing in the Tour de France.

PEDAL POWER

In the ancient university towns of Oxford and Cambridge the cycle is a ubiquitous means of travelling between lectures and tutorials. Our photograph shows cycles of strictly utilitarian construction propped up against the wall of an Oxford college. Behind this wall, students are able to concentrate on academic work without intrusion from the outside world.

Whether learning should take place in quite such an exclusive environment is open to question.

Dans les vieilles villes universitaires d'Oxford et de Cambridge, la bicyclette est le mode de transport traditionnel pour les étudiants se déplaçant entre les facultés. Notre photo montre des bicyclettes, strictement utilitaires, posées contre le mur d'une des facultés d'Oxford.

Derrière ce mur, les étudiants peuvent se concentrer sur leurs études académiques sans avoir à s'inquiéter du monde extérieur. On pourrait se demander si une éducation si protegée est, à notre époque, bien valable.

UN PASTICHE DE PORTS

Port Grimaud, crée par François Spoerry dans les années soixante, fût spécialement construit
en tant que station balnéaire et port de plaisance. Il a la géométrie de Venise mais l'apparance d'un vieux
village de la côte Provençale. Les maisons de bord de mer avec leurs couleurs crémeuses et toitures à la
Romaine sont un pastiche parfait de l'architecture traditionnelle du Sud. Seule, l'église est moderne
bien que son architecture ait, malgré tout, ses racines dans le vieux style roman de Provence.

◆

Port-Grimaud, created in the sixties by François Spoerry as a purpose-built luxury holiday resort and marina,
has the geometry of Venice but the texture of an old Provençal coastal village.
The waterside houses, with their ice-cream coloured walls and Roman-tiled roofs, are a perfect pastiche
of the traditional vernacular architecture of the South.
Only the church is modern in appearance, but even its architecture is rooted in the old
Provençal Romanesque style.

PASTICHE PORTS

The Welsh coastal village of Portmeirion was created by Sir Clough Williams-Ellis who scoured the world for a suitable location only to find his ideal spot just five miles from his family's ancestral home. Like Port-Grimaud, Portmeirion is a pastiche, but its designs are not based on the traditional architecture of the locality. Sir Clough took as his inspiration the Italian village of Portofino. Opinions differ about the wisdom of placing a Mediterranean fishing village at the foot of the Welsh mountains!

Le village de Portmeirion sur la côte du Pays de Galles fût crée par Sir Clough Williams-Ellis qui avait parcouru le monde à la recherche d'une location idéale alors qu'il la découvrit finalement à huit kilomètres de sa maison ancestrale. Comme Port Grimaud, Portmeirion est un pastiche, mais son style n'a pas de rapport avec l'architecture locale. Sir Clough s'inspira du village Italien de Portofino. Les opinions diffèrent sur la sagesse d'avoir conçu un village de pêche mediterranéan au pied des montagnes du Pays de Galles.

CHÂTEAUX ROMANTIQUES

En Angleterre on fait une distinction très nette entre les châteaux et les maisons de campagne.
En France le mot "château" peut être utilisé pour les forteresses de Moyen Age aussi bien que pour les grandes maisons de la Renaissance, dont beaucoup ont gardé certains éléments de défense; réduits, tours de guet et douves, qui ont été conservés uniquement dans un but décoratif. Le grand château à Saumur, avec ses tours immenses en forme de poivrières et ses murs austères, ressemble à une forteresse médiévale mais les balustrades et les fenêtres qui donnent sur la cour sont celles d'une très élégante maison de campagne.

In England there is a clear distinction between "castles" and "country-houses". In France the word "château" describes both the forts of the Middle Ages and the grand houses of the Renaissance, many of which retain defensive elements, such as keeps, watchtowers and moats, as decorative features. The great château at Saumur, with its massive pepper-pot towers and austere walls, looks like a medieval fortress, but the ballustrades and decorated windows which overlook its courtyard are those of an elegant country residence.

ROMANTIC CASTLES

The country-houses of Scotland are much more castle-like in appearance than their English counterparts.
The Scottish chieftains were in need of protection, not only from the English, but also from
the hostile intentions of rival clans.
Eilean Donan Castle, which stands on a tiny island at the meeting point of three lochs,
was reduced to ruin in 1719, when it was bombarded by the English warship, the "Worcester".
The restored castle is one of the most romantic sights in the Highlands of Scotland.

———— ◆ ————

Les maisons de campagne en Écosse ressemblent beaucoup plus à des châteaux que celles d'Angleterre.
Les chefs de clan Écossais avaient besoin de protection, non seulement contre les Anglais,
mais aussi contre les clans rivaux. Le château d'Eilean Donan, sur une petite île au confluent de trois lacs,
fut détruit en 1719, bombardé par le "Worcester", un bâteau de guerre anglais. Le château,
maintenant restauré, est une des scène les plus romantiques de la Haute Écosse.

LA GLOIRE REFLÉTÉE

Le Mont St Michel, spectaculaire abbaye fortifiée, est un des monuments les plus renommés de la France.
Bien que la construction de l'abbaye ait pris un demi siècle embrassant les styles, romanesque,
gothique et flamboyant, elle a un style d'architecture tout à fait harmonisé.
Pendant la Guerre de Cent Ans, les occupants britanniques ont tiré profit de l'attrait de l'abbaye en vendant
au pélérins des passages saufs. Les touristes sont maintenant si nombreux qu'il a fallu introduire
un système piéton à sens unique.

◆

The spectacular fortified abbey of Mont St Michel is one of the great monuments of France.
Although the abbey was built over a 500 year period which embraced the Romanesque, Gothic and
Flamboyant styles, it has a marvellous architectural unity. During the Hundred Year's War the British
occupiers cashed in on the abbey's pulling power by selling safe passages to pilgrims. Tourists now arrive in
such numbers that it is often necessary to impose a one-way pedestrian system on the granite rock!

REFLECTED GLORY

St Michael's Mount is a rather pale reflection of Mont St Michel, but no less photogenic when viewed from the mainland. In fact, it was monks from Mont St Michel who first established a monastery on the Cornish offshore island in 1044. The buildings at the summit of the rock have survived because they have been cleverly adapted to new uses. The Benedictine monks were ejected by the Crown in 1425 when the site was acquired as a fortress. The abbey was later converted into a castellated mansion by the St Aubyns.

———————— ◆ ————————

St Michael's Mount palît en comparaison avec le Mont St Michel, mais il n'est pas moins photogénique quand on le voit du continent. En fait, c'était en 1044 que des moines du Mont St Michel ont établi un monastère sur l'île au large de la Cornouaille. Les bâtiments au sommet du rocher ont survécu seulement en étant adaptés aux usages modernes. Les moines de l'ordre de Saint Benoît furent expulsés par l'État en 1425 quand le site fut acquis comme forteresse. L'abbaye fut éventuellement converti par les St Aubyns en un châtelet.

SIGNES DES TEMPS

Avant l'arrivée des panneaux d'affichage et des néons, la publicité était peinte directement sur les murs des bâtiments. La publicité Dubonnet, comme on peut le voir ci-dessus dans la Vallée de la Loire, était commune en France. De nos jours les gens de la publicité essaient toujours de trouver des slogans inédits et des logos nouveaux, alors que l'artiste qui a peint ce signe devait être confident que son oeuvre, comme une toile, serait admirée pendant de longues années. Son art nous rapelle les jours où le goût du consommateur était moins volage qu'il ne l'est aujourd'hui.

❖

In the days before bill-boards and neon signs, advertising slogans were painted directly onto buildings. Painted Dubonnet signs, like this one in the Loire Valley, were once commonplace in France. Today's copywriters engage in a never-ending search for novel catchphrases and new logos, but the artist who painted this sign must have been confident that his work would have a long life. His graphic art is a reminder of days when tastes were much less fickle than they are today.

SIGNS OF THE TIMES

In Paris scores of roof-top neon signs are carefully angled to beam down brand-names to travellers on the Périphérique. Advertising on London buildings is more restrained, with one extravagant exception - the giant electric hoarding in Piccadilly Circus. When the Circus was constructed in 1893 it was seen as the hub of the British Empire. Nowadays, virtually every brand-name which is featured on the great advertising wall is of foreign origin. A sign of the times!

À Paris beaucoup de signes publicitaires néons sont placés sur les toits à un angle critique de manière à être vus par les "voyageurs" du Périphérique. La publicité sur les murs des immeubles à Londres est plus contrainte, à une exception près-le signe gèant de Piccadilly Circus. A sa construction en 1893 le Cirque de Piccadilly était regardé comme le centre de l'Empire Britannique. De nos jours virtuellement tous les noms qui apparaissent sur ce grand mur publicitaire sont étrangers. Un signe des temps!

FIERTÉ DE LA VILLE?

L'Arche de la Défense est le point de mire d'un immense quartier nouveau au nord-ouest de Paris.
Les développeurs ont rendu un hommage spécial au vieux Paris en étendant la géométrie splendide de la ville,
prévue par Napoléon III, au nouveau quartier. Le cube colossal recouvert de marbre fin,
se dresse au début de l'axe historique passant par l'Arc de Triomphe et Les Champs Élysées pour aller
retrouver un autre des grands travaux de Mitterand - la Pyramide du Louvre.

The Grand Arch at La Défense is the centrepiece of a vast new city in the north-west of Paris.
The developers have paid a special tribute to old Paris by extending the splendid goemetry of Napoleon III's
planned city into the newer areas. The colossal cube, sheathed in super-smooth white marble,
stands at the head of a new extension to the city's historic axis which runs arrow-straight, via the Arc de
Triomphe and the Champs-Elysées, to another of Mitterand's Grands Travaux -
the Louvre pyramid.

PRIDE OF THE CITY?

London is an unplanned city. Whereas the great buildings of Paris stand at the head of carefully-constructed grand avenues, London's famous buildings are glimpsed unexpectedly through rare gaps in the congested huddle of offices and shops - less spectacular than Paris but, visually, just as exciting!
Even the new city which has risen in the old Docklands area of London is based on an inadequate infrastructure. The Docklands building known as Cascades has been dismissed by Piers Gough as "B-movie architecture".

La ville de Londres est beaucoup moins organisée. Alors que les grands immeubles de Paris se situent au début de grandes avenues, spécialement construites, les immeubles fameux de Londres ne peuvent que s'entrevoir à travers les brèches dans la masse de bureaux et de magasins - moins spectaculaires que Paris mais visuellement aussi excitants! Même le quartier nouveau qui se dresse dans le vieux Bassin de Londres a été basé sur une infrastructure imparfaite. Le bâtiment du Bassin, connu sous le nom de "Cascades", a été rejeté par Piers Gough comme étant une architecture de deuxième catégorie.

CARBUNCLES AND BEAUTY SPOTS

A proposal to erect a glass tower on the western end of the National Gallery was rejected after Prince Charles described the building as a "monstrous carbuncle on the face of a much-loved and elegant friend". Robert Venturi's replacement design is a masterly link between two buildings, with Corinthian pilasters and a glass wall reflecting the design of the National Gallery and mullions and transoms picking up the style of Canada House, but is it a good building in its own right? Certainly not a carbuncle. But is it a beauty spot?

————— ◆ —————

Une proposition, qu'une tour de verre soit construite sur le côté ouest de la Galerie Nationale a été rejetée après que le Prince Charles ait décrit le bâtiment comme "un furoncle monstrueux sur le visage d'un proche ami élégant". L'alternative offerte par Robert Venturi fut un joint imposant entre deux bâtiments, avec des pilastres corinthiens et un mur de verre qui réfléchit le style de la Galerie Nationale et les fenêtres a meneaux rapellant le style de Canada House. Mais est-ce vraiment un beau bâtiment? Ce n'est certainement pas un furoncle. Serait-ce alors un grain de beauté?

FURONCLES ET GRAINS DE BEAUTÉ

L'intervention royale empecha l'erection d'un bâtiment incongru sur la Place de Trafalgar, mais le plan de Pei pour la grande pyramide de verre au centre du Louvre reçut le support absolu du Président Mitterand. La pyramide qui a crée un point focal au centre de la Place Napoléon, a un style tout à fait disparate du vieux palais. Mais elle a une connection éloignée avec les victoires Napoléoniennes d'Egypt - la structure a les mêmes proportions que la Grande Pyramide de Ghiza!

Royal intervention put paid to plans for the erection of an incongruous building in Trafalgar Square, but Pei's bold plan for a great glass pyramid at the heart of the Louvre Palace was given wholehearted support by President Mitterand. The pyramid, which has created a much-needed focal point at the centre of Napoleon Square, has no stylistic link with the old palace, but it does have a tenuous connection with Napoleon's Egyptian victories - the structure shares its proportions with the great pyramid at Ghiza!

PRIORITÉS

Depuis que l'infameuse règle de "la priorité à droite" a été abolie sur la majorité des routes,
la vie s'est certainement améliorée et devenue plus facile pour les automobilistes britanniques en France.
Le protocole britannique, de ceder le passage au traffic sur un rond point a été adopté dans la plupart des cas,
mais au sens giratoire le plus fameux en France - l'Étoile à Paris - le trafic rentrant le sens giratoire
a priorité sur les véhicules déjà engagés et circulant autour de l'Arc de Triomphe!

◆

Life has become much easier for British motorists in France since the infamous rule of "Priorité à Droite"
was abandoned on most major traffic routes. The British protocol of giving way to traffic on a
roundabout has also been adopted at most traffic islands.
But at the most famous traffic island of all - L'Etoile in Paris - traffic arriving at the roundabout from
all twelve approach roads has priority over vehicles which are circulating the
Arc de Triomphe!

PRIORITIES

London's complex road system was not designed for modern traffic. In fact, it was not designed at all! The average speed of vehicles in central London is now less than 6 mph. Drivers of the famous red buses and black taxi-cabs are given some assistance on Oxford Street by being granted exclusive use of the carriageway. A cyclist who has intruded on their patch waits at the traffic lights before weaving his way through the traffic. Here is one traveller whose average speed is likely to exceed 6 mph!

◆

Le système routier complexe de Londres n'était pas conçu pour le trafic moderne. En fait, il n'a pas été planifié du tout! La vitesse moyenne des véhicules au centre de Londres est maintenant moins de dix kilomètres heure. Les chauffeurs de bus rouges et taxis noirs Londoniens sont offerts quelque peu d'assistance à "Oxford Street" par les voies qui leur sont reservées exclusivement. Ce cycliste qui s'est aventuré dans leur zone, attend aux feux avant de se faufiler encore dans le trafic. Pour ce voyageur, la moyenne vitesse sera certainement superieure à dix kilomètres heure!

SOUS LE MÊME CIEL

Levé du soleil à St Lunaire, Bretagne.
Sunrise at St Lunaire, Brittany.

UNDER THE SAME SUN

Sunset at Blue Anchor, Somerset.
Couché du Soleil au Blue Anchor, Somerset.